GLOSARIO

1 Introducción:

1.1 Descargo de responsabilidad:

Este volumen en particular contendrá discusiones sobre la seguridad de nosotros mismos durante nuestras actividades informáticas y no discutirá temas relacionados con la piratería de los sistemas informáticos de otras personas por diversas razones:

- Las actividades de piratería informática son en su mayoría complicadas y no encajan con el objetivo del libro.
- La violación de un sistema informático de otros sin consentimiento es un delito.

El autor del siguiente volumen no asume la responsabilidad de su utilización, todas las acciones propuestas se comunican exclusivamente con fines educativos.

1.2 Objetivos y contenido del libro:

Este libro pretende ser una guía simplificada para los usuarios no expertos que quieran aprender más sobre seguridad informática y que teman confiar en manuales demasiado caros, poco claros y difíciles de entender para los principiantes.

En este volumen vamos a tratar algunos temas relativos a la seguridad informática de nuestro PC y los datos que contiene, también analizaremos de forma sencilla las metodologías para tratar de obtener un cierto anonimato con respecto a la navegación en la red.

No vamos a analizar temas específicos en detalle, pero intentaremos obtener una visión general del extraordinario mundo de la seguridad de la información, así como de los peligros a los que nos enfrentamos durante nuestra actividad diaria como usuarios de Internet.

1.3 ¿Por qué deberíamos preocuparnos por la seguridad cibernética?

Una de las preguntas que escucho muy a menudo de mi profesión de técnico informático es ¿por qué, si no oculto nada ilegal, debo preocuparme por la seguridad de mis datos?

La respuesta obvia a la pregunta es que la seguridad de nuestros datos concierne a todos los aspectos de nuestras vidas, desde nuestros códigos de tarjetas de crédito hasta nuestras fotos de las vacaciones de Navidad y nuestras preferencias de compra, toda esta información nos define y si ocurre en las manos equivocadas será un grave problema.

Por lo tanto, la necesidad de ser anónimo no sólo concierne a los criminales o a los individuos que tienen algo que esconder, sino también, por ejemplo, a los ciudadanos que viven en zonas del mundo censuradas por el gobierno (China, Irán, Corea, etc...), así como a nosotros mismos, que no queremos participar en un sistema global de indexación de nuestros intereses, por ejemplo en

que termina por enriquecer aún más a las grandes corporaciones a expensas de la privacidad de los ciudadanos ignorantes de todo.

No sólo tenemos que pensar en la seguridad de los datos de nuestro PC, sino también en cómo se comparten estos datos, voluntariamente o no, en Internet.

Se sabe desde hace tiempo, especialmente desde el caso Snowden, que las

agencias gubernamentales como la NSA, la CIA, el FBI, etc... monitorean y catalogan cada movimiento que hacemos en la web, me refiero a correos electrónicos privados, llamadas telefónicas, SMS, datos personales y mucho más, esta información podría ser utilizada para chantajearnos o algo peor.

2 Sistema Operativo:

Quiero insertar esto como la primera sección del manual para subrayar desde el principio cómo obtener el anonimato que tanto deseamos, debemos salir de los esquemas que se nos han impuesto hasta ahora.

2.1 ¿Qué sistema operativo debo elegir?

En el panorama actual podemos ver que la gama de sistemas operativos no es tan amplia, dado que sólo hay tres familias principales:

1. Sistemas operativos de Microsoft...............Windows XP/7/8/10 ...
2. Sistemas operativos de Apple.......................MacOS Sierra / High Sierra ...
3. Sistemas linux..Ubuntu, Debian, Fedora ecc...

Los principales problemas de las dos primeras familias de sistemas operativos es que su código fuente, así como el de las herramientas contenidas en ellos, es propietario, es decir, no podemos asegurarnos de que su código sea "limpio".

Los propietarios de tales sistemas operativos estamos obligados a aceptar sin reservas las condiciones de uso que se nos imponen desde arriba sin poder responder para defender nuestra privacidad.

Así que sin entrar en demasiados detalles, puedo decir con certeza que si su necesidad es mantener sus datos a salvo debe necesariamente confiar en la tercera categoría de sistemas operativos.

2.2 ¿Por qué elegimos un sistema Linux?

Mientras tanto, este tipo de sistema siendo un sistema de código abierto nos permite estar seguros de que no hay código malicioso dentro de ellos, también debido a su naturaleza de código abierto los sistemas Linux son libres y utilizables por cualquiera sin tener que pagar un centavo.

Entre otras peculiaridades podemos corroborar el hecho de que estos sistemas Linux son prácticamente inmunes a los virus por su sistema de instalación de paquetes que se apoya en servidores centralizados para la distribución de los mismos, por lo que los propios paquetes son estables, siempre actualizados y sobre todo controlados y por tanto libres de código malicioso.

En resumen, un sistema Linux tiene las siguientes características positivas:
- Siendo de código abierto y libre.
- Estar controlado y libre de código malicioso.
- Paquetes (software) siempre estables y actualizados sin casi necesidad de intervención.
- Totalmente personalizable en sus funciones y características.
- Ligereza en términos de recursos de hardware, por lo tanto capaz de funcionar sin problemas incluso en sistemas más antiguos.

2.3 Cuál de las distribuciones de Linux necesitamos:

En mi opinión, una de las distribuciones de Linux que destaca por su estabilidad y facilidad de uso es Debian, en la que se basan las distribuciones más populares como Ubuntu y Linux Mint.

Esta distribución es una de las más adecuadas porque es "más ligera" que las otras, en detrimento de una no adecuadamente atractivo y a un parque de software un poco más limitado pero al mismo tiempo más estable.

La siguiente guía es totalmente aplicable en prácticamente cualquier sistema Linux, aunque los comandos pueden cambiar ligeramente.

3 Instalando Debian:

Quiero dedicar una sección entera de la guía a la instalación de este sistema operativo con su tratamiento simplificado paso a paso para hacer posible que todo el mundo, incluso los principiantes, puedan instalar este sistema.

3.1 Descargue el archivo de instalación de Debian (ISO):

Para obtener la ISO del sistema operativo necesitamos ir primero a la página oficial de distribución:

>> www.debian.org

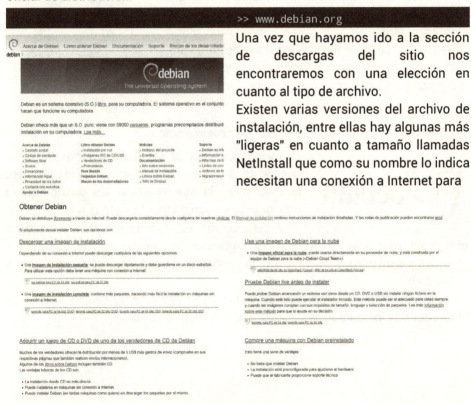

Una vez que hayamos ido a la sección de descargas del sitio nos encontraremos con una elección en cuanto al tipo de archivo.

Existen varias versiones del archivo de instalación, entre ellas hay algunas más "ligeras" en cuanto a tamaño llamadas NetInstall que como su nombre lo indica necesitan una conexión a Internet para

ser instaladas y otras como la predeterminada o Live que permitir la instalación o el uso del sistema sin estar instalado.

Todas las imágenes son iguales en lo que respecta a la instalación y, en este caso, para la siguiente guía elegí la imagen de NetInst para el CDROM.

3.2 Creación de los medios de instalación:

En primer lugar necesitamos tener un software para grabar en USB: hay muchos, pero recomendaré uno con el que he disfrutado muy bien en muchas ocasiones

UniversalUsbInstaller – fácil de usar - soporta todas las distribuciones - soporte usb
https://www.pendrivelinux.com/universal-usb-installer-easy-as-1-2-3/

La herramienta que utilice no hace ninguna diferencia, el procedimiento es muy similar en todas ellas: una vez instalado el programa encontrará una pantalla similar a la siguiente en la que tenemos que seleccionar nuestra distribución en el menú desplegable, luego alimentarla con el archivo ISO previamente descargado y por último seleccionar la unidad deseada para la instalación [MUY ATENCIÓN PARA NO BORRAR ARCHIVOS IMPORTANTES].
Una vez que el proceso esté completo podemos sacar nuestro USB y proceder a la instalación del sistema.

3.2 Arrancando los medios de instalación.

Primero desactivamos el Secure Boot si está presente, para ello sólo hay que ir a la BIOS con el botón apropiado, en la pestaña correspondiente encontraremos la entrada que debemos modificar en [Disabled]:

Apague la PC e inserte el medio de instalación en el puerto USB o en el lector de CDROM. Una vez encendido el PC, antes de que arranque el sistema operativo, pulse la tecla correspondiente al "selector de medios de inicio", la tecla o combinación de teclas necesaria varía según la marca y el modelo de su PC (en este caso le sugiero que vaya a Internet para asegurarse de qué botón de la prensa).

Vamos a arrancar el correspondiente a nuestro medio de instalación, y una vez hecho esto, nuestro Debian se

7

iniciará y se encontrará frente a una pantalla como la siguiente. Seleccione el primer elemento de la que dice "Instalación de Gráficos"... y nuestro sistema estará listo para ser instalado.

3.3 Seleccione el idioma de instalación:

Primero, después de iniciar el instalador, verá una pantalla como esta. Por supuesto que seleccionamos el idioma italiano y procedemos.

3.4 Seleccione el área geográfica y el teclado:

En la siguiente pantalla del instalador se nos pedirá la zona geográfica para configurar correctamente el idioma del sistema, la zona horaria, etc.

En la siguiente captura de pantalla seleccionamos el escenario de teclado, así que el diseño correspondiente al nuestro:

3.5 Configuración de usuario y contraseña del HostName:

Cuando se nos pregunta qué nombre darle a la máquina, establecemos un nombre a nuestro gusto, esto no afectará más tarde.

NB: El nombre del anfitrión no debe contener espacios en blanco.

Además tenemos que configurar el dominio, en el caso de una red local como en la gran mayoría de los casos podemos dejar este campo vacío.

Configuramos una contraseña para el usuario ROOT, que será necesaria más tarde para realizar acciones administrativas como por ejemplo la actualización del sistema.

Me parece evidente que la siguiente contraseña, así como las demás, tendrán que consistir en caracteres, números y símbolos aleatorios para garantizar una mayor seguridad.

Una vez hecho esto, pasamos a la configuración del usuario que vamos a utilizar.

Introduce el nombre y también configura una contraseña robusta en este para acceder.

3.6 Partición de discos:

Puede hacer varias configuraciones de partición del disco de instalación. Si se siente lo suficientemente seguro puede proceder con la configuración manual pero no trataremos este tipo de partición en la siguiente guía por las siguientes razones:

- Requeriría una sección propia que terminaría "diluyendo" demasiado el libro.
- Los novatos pueden cometer errores.
- La encriptación de los datos se puede establecer en la configuración automática.

N.B: El proceso de partición automática del disco IRREVERSIBLE sobrescribe los datos dentro del propio disco, por lo que se recomienda instalarlo en una unidad diferente a la del sistema operativo existente si se desea conservarlo.

Para realizar una partición automática con cifrado de la unidad, seleccione el elemento que dice [Guiado – Utilizar todo el disco y configurar LVM cifrado].

A continuación indicamos la unidad en la que se quiere realizar la instalación, teniendo siempre cuidado de no seleccionar la incorrecta para no borrar datos importantes. Luego se le preguntará cómo dividir el disco.

Las opciones son:
- Una partición para todos los datos.
- Partición separada /home.
- Particiones separadas /var /home /tmp.

En este caso, para simplificar, se elegirá la primera opción donde se creará una única partición cifrada con todos los archivos del sistema. Posteriormente, el programa de instalación sobrescribirá todos los sectores del disco realizando una limpieza completa de la unidad, que llevará varias horas dependiendo de su velocidad. Esta medida es necesaria para impedir la recuperación de los datos presentes en el disco antes de su instalación por personas malintencionadas.

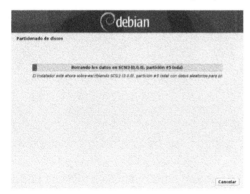

Bueno, ahora llegamos a una parte muy importante, la elección de la contraseña de encriptación del disco. Esta contraseña es su única defensa contra las personas malintencionadas que querrán acceder a sus datos, de hecho, sin entrar en detalles, ambas contraseñas establecidas previamente son fácilmente evitables.

Por lo tanto, dada la crucialidad de la siguiente contraseña, debe ser elegida con cuidado y debe tener las siguientes características:

- Longitud considerable > 20 caracteres.
- Debe estar compuesto de símbolos, letras, números, etc...
- Debe estar posiblemente desprovisto de significado lógico.

N.B: Si se olvida esta contraseña, los datos del disco no serán recuperables de ninguna manera.

3.7 Acciones finales:

En las próximas tres ventanas se nos pedirá que utilicemos los espejos de la red y el proxy http: lo que debemos hacer no será otra cosa que seguir adelante sin preocuparnos por nada ya que los predeterminados ya son óptimos.

Cuando en la siguiente ventana se nos pida que nos unamos a un programa de estadísticas de desarrollo, por supuesto seleccionamos NO y continuamos.

3.7.2 Instalación del entorno gráfico:

En la siguiente pantalla se nos preguntará qué entorno gráfico queremos instalar.

Personalmente recomiendo Cinnamon por su ligereza y facilidad de uso, pero la elección es irrelevante porque todas tienen las mismas funciones.

Dependiendo de qué y cuántos entornos gráficos elegimos, la instalación tardará más tiempo.

También se nos preguntará qué programa usar para el acceso, pero entre los que están presentes la diferencia es mínima, así que normalmente se opta por el GDM porque es el más común.

¡Grandioso! Completamos nuestra instalación y todo salió bien. Ahora podemos empezar a usar nuestro nuevo sistema seguro y encriptado.

En cuanto al proceso de cifrado de la unidad realizado anteriormente, trataremos este tema con más detalle en la sección de seguridad de los datos.

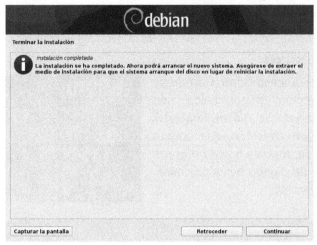

4 Rastros de computadora:

En este capítulo vamos a ilustrar qué rastros informáticos dejamos cuando nos conectamos a la red, ya sea una LAN o Internet.

4.1 El Mac Address

El MAC (Media Access Control) Address es una dirección global única que identifica la tarjeta de red de cualquier dispositivo. Esta dirección, que consta de 48 bits, se representa como un grupo de seis pares de dígitos hexadecimales. Aquí hay un ejemplo:

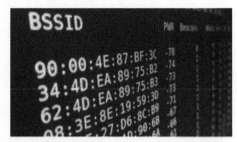

```
[ 1c:3f:ad:03:75:df ]
```

Los tres primeros pares de dígitos identifican al fabricante del hardware de red en cuestión (por ejemplo, D-link, Netgear, Microsoft, etc...), mientras que los tres segundos pares son a discreción del fabricante del hardware y suelen identificar el modelo de la tarjeta de red con el número de serie.

Cuando nos conectamos a una red, el AP o switch al que nos conectamos lee esta dirección, que está escrita en una EEPROM soldada a la propia placa, y la usa para hacer la conexión.

La dirección en sí no es una amenaza real para nuestra seguridad, pero puede ser utilizada para asociar de forma única nuestra actividad en la red a nuestra máquina: en la práctica, alguien podría seguir nuestras actividades en una base de datos y asociarlas a nuestro dispositivo.

Tomemos un ejemplo ilustrativo. Asumiendo que estamos en hoteles conectados a una AP pública, si visitamos un sitio esto podría estar asociado a nuestro MAC y sería una evidencia de nuestra navegación. Si camufláramos el MAC del dispositivo, incluso si estuviera asociado con alguna actividad en línea, no coincidiría con el MAC físico de nuestra tarjeta de red, por lo que esta actividad no sería rastreable hasta nosotros.

4.1.1 El MAC Spoofing:

La acción de MAC Spoofing consiste en camuflar el MAC de nuestra tarjeta de red y en la práctica permite modificar el MAC que se transmite desde nuestro dispositivo al Router al que nos conectamos.

La siguiente acción no modificará físicamente el MAC escrito en la EEPROM de la tarjeta de red, sino sólo su "imagen", que es la visible desde el exterior.

El "MAC Spoofing" no siempre es necesario - déjame explicarte mejor - si estamos en una red local segura, como nuestra red doméstica, camuflar la dirección MAC no tiene sentido, ya que no hay nadie que pueda monitorearla.

Esta técnica, sin embargo, es muy recomendable si estamos en una red no segura, como un hotel donde el administrador de la red puede usar el monstruo de la dirección MAC de manera inapropiada.

Esta técnica es simple de implementar y el MAC Spoofing puede ser configurado para que se ejecute automáticamente cuando se inicia el PC. Para empezar vamos a la terminal y con el comando

```
>> ip link show
```

```
anonymous@DEBIAN-PC:~$ ip link show
1: lo: <LOOPBACK,UP,LOWER_UP> mtu 65536 qdisc noqueue state UNKNOWN mode DEFAULT group default qlen 1
    link/loopback 00:00:00:00:00:00 brd 00:00:00:00:00:00
2: ens33: <BROADCAST,MULTICAST,UP,LOWER_UP> mtu 1500 qdisc pfifo_fast state UP mode DEFAULT group default qlen 1
000
    link/ether 00:0c:29:ad:18:8b brd ff:ff:ff:ff:ff:ff
anonymous@DEBIAN-PC:~$
```

hacemos una lista de las interfaces de red conectadas. Como podemos ver a continuación es la dirección MAC de la interfaz.

Ahora vamos a cambiarlo. Para ello necesitamos descargar software adicional con los siguientes comandos:

```
>> su
>> apt update
>> apt install macchanger
```

En esta etapa aparecerá una ventana muy útil que nos permitirá configurar la ejecución automática del macchanger haciendo el proceso automático. Obviamente seleccionamos la opción <Sí> y continuamos.

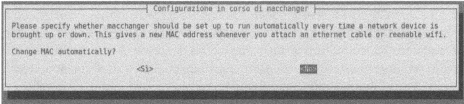

Una vez hecho esto, usamos el software recién instalado con el comando:

```
>> ip link set {interfaccia} down
>> macchanger -r {interfaccia}
>> ip link set {interfaccia} up
```

para encontrar el nombre de la interfaz correspondiente a la que queremos, confiemos en el comando utilizado para encontrar el MAC, ya que nos proporciona después del número de la interfaz también su nombre (ens33 / enp01 / wlan43693472).

Al hacerlo, modificaremos la dirección MAC de la tarjeta de red con una generada aleatoriamente por el software recién instalado. Como podemos ver en la siguiente imagen, la dirección MAC de la tarjeta de red es diferente de la anterior:

```
root@DEBIAN-PC:/home/anonymous# ip link set ens33 down
root@DEBIAN-PC:/home/anonymous# macchanger -r ens33
Current MAC:    00:0c:29:ad:18:8b (VMware, Inc.)
Permanent MAC:  00:0c:29:ad:18:8b (VMware, Inc.)
New MAC:        b2:00:d4:fb:e2:3a (unknown)
root@DEBIAN-PC:/home/anonymous# ip link set ens33 up
```

para estar seguros de la ejecución del comando del macchanger cuando la máquina se inicie, añadámoslo en un script de inicio, y luego ejecutemos el siguiente comando:

```
>> crontab -e
```

abriremos un archivo en el que insertaremos la siguiente cadena al final del texto ya presente:

```
@reboot machanger -r {interfaccia}
```

ahora podemos reiniciar el sistema con seguridad y notar el cambio automático de la dirección MAC.

4.2 El Hostname:

Cuando hable del nombre del host, se le recordará el paso de instalación que se trataba de eso, así que ahora vamos a averiguar qué es.

El nombre del Hostname como la palabra misma dice

- HOST [dispositivo conectado a una red]
- NAME [nombre]

indica el nombre que nuestra máquina, tablet PC o teléfono móvil que es, toma cuando nos conectamos a una red. Esta cadena de caracteres se utiliza cuando necesitamos conectarnos a un dispositivo cuya dirección IP noconocemos.

Básicamente el nombre del host es un alias que identifica su IP en la red local. Si configuró el nombre del host durante la instalación sin introducir nombres u otros datos en él, todo está bien, de lo contrario veamos cómo cambiarlo.

Mientras tanto, veamos cómo está configurado actualmente el nombre del host, y para ello, ejecutemos el siguiente comando:

```
>> hostnamectl
```

cuya producción será similar a la siguiente

```
anonymous@DEBIAN-PC:~$ hostnamectl
    Static hostname: DEBIAN-PC
          Icon name: computer-vm
            Chassis: vm
         Machine ID: c174dd87999a40caa126d85f82845d1b
            Boot ID: 2c048c92151f4cf0904f950b183f319d
      Virtualization: vmware
   Operating System: Debian GNU/Linux 9 (stretch)
             Kernel: Linux 4.9.0-8-amd64
       Architecture: x86-64
anonymous@DEBIAN-PC:~$
```

para ir y modificarlo ejecutamos el siguiente comando:

```
>> su
>> sysctl kernel.hostname=[nuovohostname]
```

Como podemos ver, el hostname ha cambiado y lo seguirá siendo incluso después de reinicios posteriores.

```
anonymous@[Debian-PC-2]:~$ hostnamectl
    Static hostname: DEBIAN-PC
 Transient hostname: [Debian-PC-2]
          Icon name: computer-vm
            Chassis: vm
         Machine ID: c174dd87999a40caa126d85f82845d1b
            Boot ID: 2c048c92151f4cf0904f950b183f319d
      Virtualization: vmware
   Operating System: Debian GNU/Linux 9 (stretch)
             Kernel: Linux 4.9.0-8-amd64
       Architecture: x86-64
anonymous@[Debian-PC-2]:~$
```

4.3 El servidor DNS:

Empecemos diciendo qué es un servidor DNS y para qué sirve: un servidor DNS es un servidor que traduce cadenas de texto llamadas dominios a las correspondientes direcciones IP.

Esta técnica de traducir los dominios en direcciones IP existe desde hace mucho tiempo, desde los albores de Internet (de hecho, estamos hablando de 1983).

En la práctica, antes, cuando se quería acceder a un recurso remoto, no necesariamente a un sitio web, había que conocer su dirección IP, pero esto era muy incómodo y tratamos de resolver este problema asociando a una dirección IP determinada una cadena de caracteres mucho más fácil de recordar que una secuencia seca de números.

Pero entonces surgió otro problema. Dado que los sistemas de comunicación funcionan realmente a través de direcciones IP, ¿cómo se traduce un nombre a la dirección? Aquí nació el servidor DNS, una base de datos en la que los distintos dominios están asociados a una IP.

4.3.1 Problemas de seguridad del DNS:

Como es fácil de entender quién controla estos servidores de DNS, puede impedir que un usuario obtenga la traducción de un determinado dominio y, por lo tanto, impedir eficazmente la visualización de un determinado sitio web.

En la práctica, nuestro proveedor de servicios de Internet puede decidir algún día que Facebook debe ser censurado y evitar que los usuarios accedan a él. De hecho, un ejemplo es el conocido sitio de alojamiento de Torrent (ThePirateBay), a menudo censurado por los proveedores de servicios de Internet.

Si crees que los problemas han terminado, estás muy equivocado, ya que las peticiones http tienen que pasar por estos servidores, el gestor de este servidor puede, y lo hará, monitorizar tus búsquedas y asociarlas contigo en una base de datos: en la práctica conocerás los sitios que visitas, la frecuencia con la que lo haces, etc., conocerás tu banco, el gimnasio al que vas, el supermercado donde compras, el colegio de tus hijos, etc... pero los ejemplos son casi infinitos.

4.3.2 Cómo defendernos contra el DNS "malicioso":

Afortunadamente, todavía hay algunas agencias que se preocupan por la privacidad de los ciudadanos, por lo que hay servidores DNS no filtrados, es decir, que no guardan nuestro tráfico de datos y no censuran los sitios web. Además, estos servidores DNS suelen ser más fiables y rápidos, y muy a menudo tienen una base de datos mundial más grande y, por lo tanto, dan acceso a más sitios web.

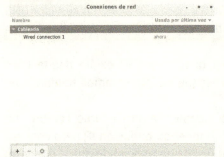

Pero entonces, ¿cómo cambiamos el servidor DNS al que pertenece nuestro PC? Nada más simple, esto puede hacerse de dos maneras - a través de una interfaz de texto con el terminal o a través de una interfaz gráfica - explicaré ambas de tal manera que los más dispuestos puedan tener algo de práctica con el shell de linux.

4.3.2.1 Cambio de DNS desde la interfaz GUI:

Comencemos con la más simple de las alternativas, yendo a la parte inferior izquierda y haciendo clic en el símbolo de LAN. Veremos un pop-up, luego haremos clic en conexiones de red y veremos una pantalla donde podemos modificar los parámetros de las diversas interfaces de red:

selecciona la conexión a modificar, en mi caso la conexión por cable, y pulse el botón de edición, entonces tendremos todos los parámetros a modificar. Vamos a la sección IPv4 y en este punto veremos el campo [Servidor DNS], en el que podemos insertar nuestros servidores (sí, podemos usar más de uno separado por una coma).

Editando Wired connection 1

Nombre de la conexión	Wired connection 1

| General | Cableada | Seguridad 802.1x | DCB | Proxy | **Ajustes de IPv4** | Ajustes de IPv6 |

Método Automático (DHCP) ▼

Direcciones estáticas adicionales

Dirección	Máscara de red	Puerta de enlace	
			Añadir
			Eliminar

Servidores DNS adicionales ⬅

Dominios de búsqueda adicionales

ID del cliente DHCP

☐ Requiere dirección IPv4 para que esta conexión se complete

Rutas...

Cancelar   Guardar

Ahora surge una pregunta, ¿dónde podemos encontrar los parámetros a introducir, en este caso las direcciones de los servidores DNS?
Dejemos esta ventana en paz por un momento y abramos un navegador de Internet y visitemos uno de los muchos sitios que recogen las direcciones IP de estos servidores. Te dejaré algunos de ellos en la lista de abajo:

```
www.opennicproject.org
www.opendns.com
www.powerdns.com
...
```

Elija uno de los anteriores, en todos los casos nos encontraremos con una lista de servidores DNS con sus direcciones IP, a menudo divididos por país y categorizados según su función, por ejemplo los que no guardan el historial, los que no censuran los sitios, etc...

	ns27.de.dns.opennic.glue *Sponsored by* *www.anonymous.support/nic*	217.144.135.2	2a02:a00:2000:3b::2	Anonymous-Berlin	2018-Dec-09	Pass	
👤🔒	ns31.de.dns.opennic.glue *Sponsored by ETH-Services*	195.10.195.195	2a00:f826:8:2::195	ethservices	2019-Feb-09	Pass	
👤	ns2.he.de.dns.opennic.glue	172.104.136.243	2a01:7e01::f03c:91ff: febc:322	xdanek	2017-May-03	Pass	
👤🔒	ns8.he.de.dns.opennic.glue *Sponsored by ETH-Services*	94.247.43.254	2a00:f826:8:1::254	ethservices	2018-May-13	Pass	
👤✕	ns1.ec.dns.opennic.glue *Sponsored by killman*	45.71.185.100		killman	2018-Mar-18	Pass	
👤 🚩	ns2.fr.dns.opennic.glue *Sponsored by edv-froehlich.de*	5.39.80.28	2001:41d0:8:921c::1	dfroe	2019-Jan-09	Pass	
👤 🚩	ns7.fr.dns.opennic.glue *Sponsored by edv-froehlich.de*	195.154.226.236	2001:bc8:32d7:2a00::1	dfroe	2018-Oct-20	Down	◀
👤🔒	ns8.fr.dns.opennic.glue *Sponsored by Purplet2P*	151.80.222.79	2001:470:1f15:b80::53	R4SAS	2018-Nov-03	Pass	
	ns9.fr.dns.opennic.glue	92.163.31.228		papypat	2018-Nov-14	Pass	
👤✕ 🚩	ns10.fr.dns.opennic.glue	87.98.175.85	2001:41d0:2:73d4::100	wil	2014-Feb-25	Pass	

En la imagen de arriba informé de una captura de pantalla del sitio del proyecto Opennic donde se puede ver una lista de algunos servidores DNS, pero no se utilizan las direcciones IP de la imagen porque pueden variar con el tiempo.
Seleccione algunos de ellos e introduzca sus direcciones IP en el campo apropiado de la configuración de Internet como se indica a continuación:

Como pueden ver, he introducido más de uno porque podría ser que se desconecten por alguna razón, así que el PC se basará en el segundo si el primero está desconectado, luego el tercero y así sucesivamente.
Para hacer efectivos los cambios podemos reiniciar la máquina o desactivar y reactivar la conexión a Internet con el botón apropiado.
Bien, también fuimos a resolver el problema del servidor DNS del ISP que podría estar monitoreándonos. Esta operación se puede hacer no sólo en esta distribución de Linux, sino también en Windows, MacOS, Android etc... pero

explicar esto también en estos sistemas operativos estaría fuera de los objetivos del manual, de hecho intentaremos usar la misma distribución en él para no confundir demasiado a los novatos.

4.3.2.2 Cambio de DNS con la interfaz CLI | Insight |

Esta sección se indica como un estudio a fondo porque es superflua para poder disfrutar del curso, ya que todas las técnicas expresadas en ella son perfectamente reproducibles a través de una interfaz gráfica.

La siguiente sección está escrita para aquellos que quieran aprender un poco más sobre el mundo del terminal de Linux y familiarizarse con él.

Abramos una ventana de terminal e iniciemos sesión como usuario root con el comando habitual

```
>> su
```

entonces vamos a editar un archivo de sistema con el comando:

```
>> nano /etc/resolv.conf
```

añadimos las siguientes líneas de código como sigue

```
nameserver {ip dns}
nameserver {ip dns}
nameserver {ip dns}
nameserver {ip dns}
...
```

entonces vamos a hacer efectivos los cambios guardando el archivo y reiniciando la interfaz de la red:

```
>> ip link set {interfaccia} down
>> ip link set {interfaccia} up
```

```
# Generated by NetworkManager
nameserver 195.10.195.195
nameserver 94.247.43.254
nameserver 151.80.222.79
nameserver 185.121.177.177
nameserver 80.211.238.94
```

El resultado debería ser aproximadamente como el siguiente, excluyendo las direcciones IP que pueden variar.

La mencionada vid de archivo al mismo tiempo también se modificó durante la configuración de los servidores a través de una interfaz gráfica, de hecho como se dijo no hay diferencia entre un procedimiento y otro.

4.3.3 Caché de DNS:

Otro problema que surge del uso de los servidores DNS es el llamado "DNS caching". La responsabilidad de la vulnerabilidad no es culpa de los servidores de DNS esta vez, sino del hecho de que nuestro sistema operativo guarda una lista de asociaciones de dominios/direcciones IP para poder resolver dichos dominios sin contactar con el servidor de DNS, ahorrando así tiempo. Esto hace que la resolución sea más rápida pero implica que el software malicioso que se ejecuta en el PC podría consultar esta lista y compartirla con terceros causando una "fuga" de información.

Para resolver este problema, hay un software que puede borrar esta lista y así evitar cualquier amenaza. Instálalo ahora con los siguientes comandos:

```
>> su
>> apt install nscd
```

entonces vamos a limpiar este caché con el comando apropiado

```
>> /etc/init.d/nscd restart
```

si queremos que esta caché se limpie periódicamente, tal vez al inicio de la pc o después de un intervalo por defecto, definiremos este comando como lo hicimos antes entre los parámetros del útil software *crontab*

```
>> crontab -e
```

añadimos la siguiente cadena al final del archivo

```
@hourly /etc/init.d/nscd restart
```

para que esta lista se borre cada hora.

4.4 La dirección IP:

Muchos de ustedes ya sabrán lo que es una dirección IP, pero para refutar cualquier posible duda una dirección IP se ve así:

```
                        [192.168.1.69]
```

al menos en forma de v4 (también hay una versión 6 pero como todavía es poco usada iremos a analizar la v4).

Como podemos ver nuestra dirección IP está compuesta por cuatro números, todos entre 0 y 255, de hecho estamos hablando de 4 bytes, y con un byte se pueden representar 256 números.

Hay dos tipos de direcciones IP, que no deben confundirse entre sí porque son muy diferentes, al menos en la forma en que se utilizan:

1. Dirección IP privada: este tipo de dirección IP es asignada por un dispositivo de red, a menudo en el caso de redes domésticas desde el módem-enrutador, esta dirección IP se llama privada porque es "visible" sólo por los anfitriones de la red LAN a la que estamos conectados actualmente.

2. Dirección IP pública: este tipo es asignado a nuestro módem-enrutador por el ISP, no es modificable, se asigna arbitrariamente y varía con cada reinicio del dispositivo de red.

Qué fácil es entender que la única IP que necesitas "enmascarar" es la pública. De hecho, está asociada a nuestro contacto en Internet y por lo tanto a nosotros mismos, constituyendo una de las mayores amenazas a nuestra privacidad. Dado que este IP está asociado a nosotros, el proveedor de servicios de Internet puede supervisar nuestro tráfico de red y los sitios web pueden utilizarlo para "localizarnos", ya que es posible estimar la ubicación geográfica de un visitante, ya que estos IP se asignan sobre una base geográfica. Por ejemplo, podrían entender que estamos en Italia, en Milán.

4.4.1 Conocer la actual dirección IP (pública):

Mientras tanto, antes de ir a ver cómo enmascarar tal IP tenemos que entender cómo verificar cuál es, y para ello hay como siempre dos maneras, vía GUI o CLI. La primera es visitar uno de los muchos sitios que permiten verificar nuestra IP pública, como:

```
ipinfo.io
```

una vez que estés en ese sitio deberías recibir una pantalla similar a la siguiente:

Como podemos notar que entre los datos propuestos también están la ubicación y el nombre de nuestro ISP (en este caso Telecom Italia), que he censurado precisamente por privacidad. Puedo afirmar que es bastante preciso, está mal de "sólo" 60-70Km en mi caso.

La segunda alternativa, más inmediata pero menos detallada, es la que requiere el uso de la terminal. Sugiero a todos que lo prueben porque es muy simple, y para verificar su IP pública sólo necesita el siguiente comando:

```
>> wget ipinfo.io/ip -qO -
```

la salida devuelta será nuestra dirección IP

```
anonymous@DEBIAN-PC:~$ wget ipinfo.io/ip -qO -
95.249.124.122
anonymous@DEBIAN-PC:~$
```

4.4.2 Camuflar la dirección IP | Servidor Proxy |

Uno de los métodos para camuflar su dirección IP pública es el Proxy. Definamos el término en sí mismo, citando la definición de Wikipedia:

"Un servidor proxy es un servidor (destinado a un sistema informático o a una aplicación) que actúa como intermediario para las solicitudes de los clientes que buscan recursos en otros servidores"

me tomo la libertad de informar de un simple gráfico para ilustrar cómo funciona un servidor Proxy:

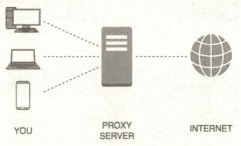

YOU   PROXY SERVER   INTERNET

Como podemos ver, un servidor proxy no es más que una "PC" que se interpone entre el anfitrión (nosotros) y el servidor, en este caso el de cualquier sitio web: el servidor proxy reenviará nuestras peticiones al sitio (utilizando su propia IP) de modo que aunque el sitio intente obtener información de la IP que lo visita, no podrá llegar tan lejos, ya que localizará al servidor proxy y no a nuestra red privada.

Hay varios tipos de servidores proxy que difieren en sus funciones:

- **Proxy HTTP / HTTPS:** trabajan en las peticiones HTTP, es decir, sólo para las páginas web. Este hecho de ser monoprotocolo les permite ser muy reactivos pero lamentablemente se limitan a ello.

- **Proxy SOCKS (4/5):** funcionan a nivel de TCP / UDP y permiten llevar cualquier tipo de tráfico de internet, pero tienen la desventaja de ser más lentos que los de HTTP.

- **Web Proxy:** son sitios web reales para los que no necesitan ninguna configuración.

4.4.2.1 Desventajas de un servidor proxy:

Sobre el papel un servidor proxy es la solución correcta a nuestro problema pero como podemos imaginar hay algunas desventajas, y son tantas que no recomiendo su uso. Voy a enumerarlos a continuación:

- Dificultad para encontrarlos (los buenos): significa que en la web bajo la clave "Lista de Proxy" salen millones de resultados, entre ellos la gran mayoría de los Proxy (gratuitos) son pobres, muy a menudo sobrecargados lentos desterrados etc..
La única manera de tener servidores utilizables es a través de listas de pago premium.

- Muchos no son genuinos: muchos de los servidores (gratuitos) suelen ser más perjudiciales que útiles, de hecho muchos están dirigidos por organizaciones que hacen exactamente lo contrario de proteger su privacidad. De hecho, estos Proxy gratuitos se utilizan a menudo como mieleros (honey pot) para atraer a los desafortunados y hacer que muestren publicidad en las páginas o, en el peor de los casos, robar datos personales (correo electrónico, contraseña, etc.). Sí, lo has entendido bien, de hecho muy a menudo el tráfico que pasa por un proxy no está encriptado, es decir, el operador puede robar tus datos.

Para que conste, si tiene la dirección de un servidor del que está seguro de que es genuino, podemos configurar su PC para que lo use siempre yendo a la configuración de la red:

```
barra de herramientas > símbolo de red > ajustes de red
```

se abrirá una ventana, verá la entrada [Proxy de red], y aquí podrá configurarlo ajustando los parámetros correctos (los de la imagen son ejemplos):

Una vez configurado con éxito el Proxy, desactivamos y reactivamos la conexión de red para que los cambios sean efectivos.

4.4.2.3 Configurar el servidor Proxy | CLI | Más |:

Veamos ahora cómo configurar tales Proxies a través de la línea de comandos. Como siempre, iniciemos la sesión como administradores con el comando habitual, y luego supongo que iremos a editar un archivo de configuración:

```
>> nano /etc/environment
```

vamos a añadir las siguientes cadenas de texto en la cola:

```
http_Proxy="http://{Proxy.com:8080}/"
https_Proxy="http://{Proxy.com:8080}/"
ftp_Proxy="http://{Proxy.com:8080}/"
no_Proxy="localhost,
127.0.0.1,localaddress,.localdomain.com"
```

tenga cuidado de quitar los soportes rizados y reemplazarlos con la dirección correcta. Como de costumbre reiniciamos el servicio de la red esta vez con un comando diferente (el anterior también funciona):

```
>> service network-manager restart
```

Ahora podemos disfrutar de la navegación con nuestro Proxy configurado para pasar a través de él todas las peticiones de Internet del sistema operativo y sus programas.

4.4.3 Camuflar la dirección IP | VPN |

4.4.3.1 Qué es una VPN y cómo funciona:

Acabamos de terminar de analizar los servidores proxy, estas herramientas son de hecho poco utilizables porque tienen muchos defectos como la lentitud, la falta de fiabilidad y el riesgo de monitorización.

A questo punto andiamo ad analizzare un altro sistema di anonimato, questo a parer mio molto più utile versatile e sicuro, le VPN.

En este punto vamos a analizar otro sistema de anonimato, este en mi opinión mucho más útil, versátil y seguro, el VPN.

Empecemos por explicar qué son realmente estas VPNs (Virtual Private Networks). Nacen para resolver una necesidad precisa, la de conectar los ordenadores en una red privada aunque estén situados en lugares alejados unos de otros, por lo que sería impensable tender un cable de conexión.

En la práctica, una VPN permite conectar varios sistemas informáticos entre sí mediante la línea de Internet, y la ventaja es que aplican sistemas de cifrado por defecto a todo el tráfico que pasa por ellos para garantizar la seguridad de los datos que viajan por la red virtual.

Ahora una pregunta es espontánea, ¿cómo pueden estas redes virtuales ayudarnos en nuestra misión de anonimato? Imagina que se crea una red VPN entre tu PC y un servidor remoto, y que actúa como un proxy. Tendríamos la ventaja que el apoderado podría darnos, así que el hecho  de disfrazar el nuestro IP entre nuestra red privada y el sitio web en cuestión y la seguridad de que los datos que viajan entre nuestro PC y el servidor saliente están protegidos contra la encriptación.

Entre las ventajas de estas redes VPN podemos incluir el hecho de que son mucho más rápidas que el Proxy y además no hay necesidad de aplicar métodos particulares de encriptación de datos porque todo lo que pasa por una VPN está encriptado.

Obviamente como se puede imaginar estas redes no son gratuitas, de hecho el mantenimiento de estos servidores tiene un coste considerable, por lo que las VPN se pagan y generalmente el precio de una de ellas es de entre 10 y 20 euros al mes, pero muy a menudo si se compran suscripciones de más de por ejemplo 6 meses o un año el coste por mes también baja mucho.

PROXY	VPN
• Lentes y sobrecargas • Difícil de encontrar una auténtica • Tráfico no encriptado • Posibilidad de interceptación • Muy popular • Soportado por cualquier software	• Rápido y dedicado • Fácil de encontrar • Tráfico encriptado • Incapaz de interceptar • Caro • Algunos programas no los soportan *

* al configurar el sistema operativo para usar una VPN incluso el software que no lo soporta puede ser asegurado

4.4.3.2 Calidad de una VPN:

Me perdonará si entro en esta sección un poco más específico de lo habitual analizando términos como Protocolos y Política de Privacidad.

Empecemos diciendo cuáles son las políticas de privacidad: en la práctica es el contrato que el operador de una red VPN celebra con el cliente, y algunas VPN, las mejores por ejemplo, no guardan datos sobre las actividades (logs) y están ubicadas en áreas donde el control estatal es muy soso como Panamá etc ...

Pasemos a los protocolos. Estos son en la práctica los métodos de encriptación de datos que viajan en las VPNs y algunos protocolos son inseguros y violados por agencias gubernamentales como la NSA, por lo que debemos tratar de comprar servicios VPN que utilicen protocolos seguros.

Resumiendo, la calidad de una VPN se calcula en base a cómo maneja los datos de los clientes, por lo que hay que buscar VPNs que no almacenen información * y que usen protocolos que garanticen la seguridad de los datos que viajan dentro de ellas.

> * al ser túneles encriptados por VPN, es imposible guardar los datos personales de los clientes (contraseñas de correo electrónico, etc...).
> Por datos que en este caso significan, por ejemplo, fecha y hora de acceso, ancho de banda utilizado, dispositivos conectados, etc.

Sin entrar en demasiados detalles vamos a hacer una breve lista de los protocolos disponibles:

- PPTP – Creado por Microsoft, inseguro, monitoreado por la NSA - declarado inseguro desde 2012.
- L2TP/IPSEC – Objetivo seguro pero primario de la NSA - reactivo y de forma media y segura "por lo menos actualmente".
- OPENVPN – De código abierto y transparente, muy seguro pero ligeramente más lento.

- SSTP – Nuevo protocolo de Microsoft - por defecto en windows - protocolo cerrado y por lo tanto no transparente.

Así que tienes que buscar VPNs sin registro que estén basadas en un paraíso fiscal y que ofrezcan protocolos seguros (OpenVpn).
Si una VPN tiene todas estas características, entonces estará bien. No puedo recomendar un VPN u otro VPN porque estos pueden variar con el tiempo, pero puedo darle un ejemplo de cómo configurar un cliente VPN.

Como ejemplo tomaremos el ejemplo de un famoso proveedor de VPN, MULLVAD, primero ir a su sitio y activar una cuenta de prueba.

En este punto se nos proporcionará una cuenta como la siguiente, vamos a descargar la aplicación para el sistema operativo que desee, en nuestro caso Debian / Ubuntu y ejecutarla.
Una vez que el programa se ha ejecutado sólo tenemos que iniciar sesión con nuestro código de cuenta y navegar, con la versión de prueba tendremos unas cuantas horas de navegación a nuestra disposición. Después podemos proceder al pago con uno de los métodos posibles, y para mantener el

anonimato optaremos por pagos en criptodólares o en efectivo (en el caso de este VPN específico).

Como vemos, el operador de VPN no nos ha pedido datos personales y nos da la posibilidad de hacer el pago usando métodos no rastreables: esto es una indicación de una VPN válida.

Una de las funciones que sugiero activar es el Kill-Switch que en caso de que la conexión con el servidor VPN se caiga interrumpe la conexión a Internet asegurándose de no utilizar nuestra red por error.

5 Clearnet, DeepWeb, DarkNet:

Me siento obligado a dedicar una sección separada del libro para explicar este tema, que me preocupa tanto porque durante mi carrera he escuchado un sinfín de veces sobre el significado de estos términos.

Mucha gente, incluidos los periodistas, no tienen ni idea de lo que hablan cuando se trata de DeepWeb y temas similares. Para confirmar mis afirmaciones sólo tienes que buscar en DeepWeb en cualquier motor de búsqueda y navegar por los resultados para encontrar docenas de artículos diversos que tratan del tema.

Comencemos con la enorme generalización que se hace sobre este tema, así que lo único que no está claro es el diablo. No es así en absoluto, y mientras tanto empecemos por decir un concepto básico, es decir, no todos los contenidos de Internet son indexados por los motores de búsqueda y los que no son, por supuesto, no visibles para el usuario normal (basta pensar en ciertos sitios del gobierno o sitios privados de varias empresas).

En el mundo de la web hay un sinfín de contenidos que no son accesibles para el usuario y la imagen que aparece junto a ella le dará una idea general de la situación.

Como podemos ver, la parte indexada de Internet representa alrededor del 4% del total, luego otra parte considerable es la que, como se mencionó, se refiere a los datos privados gubernamentales y corporativos y, posteriormente, a los sitios web que se ocupan del tráfico ilegal de drogas. armas, etc ...

Así que para despejar cualquier duda haré una lista de términos y sus significados, con la esperanza de que en el futuro pueda discernir información falsa y real:

- **CLEAR NET:** Esa parte de Internet que todos conocemos, las páginas web clásicas, las indexadas por los motores de búsqueda, son parte de ella.

- **DEEP WEB:** Parte de la Internet que contiene información privada no disponible para el público, información militar o de empresas privadas, así como bases de datos de institutos de investigación, etc...

- **DARK WEB:** La parte denominada "ilegal" de la Internet, hay intercambios ilegales, compra y venta de drogas y material ilícito de diversa índole, así como sitios de piratas informáticos o manifestantes políticos.

5.1 La red TOR:

Otro medio para garantizar su anonimato en línea es la red TOR, que no he incluido en la sección anterior en la categoría de herramientas de camuflaje de IP porque creo que merece una mención especial y por lo tanto una sección separada.

Comencemos dando una definición general y una explicación más o menos exhaustiva de su método de funcionamiento: cuando hablamos de red TOR estamos describiendo un tipo de red compuesta por muchos servidores conectados entre sí, dispersos a lo largo de la forma en que un usuario se conecta y rebota su tráfico de Internet en todo el mundo.

Como ya puede verse en el logotipo del servicio, una cebolla, el funcionamiento de la red es relativamente sencillo: el usuario abre un navegador, como Firefox, diseñado para conectarse a uno de los servidores, y el tráfico se transporta entre ellos hasta que se envía de nuevo a la Internet.

Esta estratificación permite que el usuario sea apenas rastreado, de hecho, si lo pensamos bien, un posible ISP malicioso puede monitorearlo hasta el primer servidor, y en ese caso rastrearía al último de los servidores el llamado exit-node.

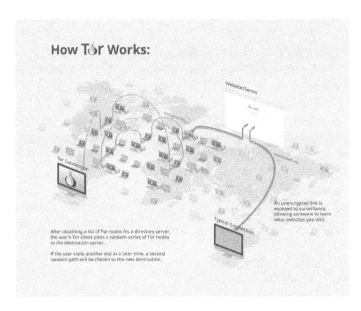

How Tor Works:

Ahora que hemos enumerado los méritos de la red TOR, por desgracia, también debemos hablar de sus defectos, o más bien su defecto, el de ser lento. Como la señal tiene que rebotar varias veces, la latencia de la conexión aumenta considerablemente.

La red TOR no es una red para conexiones de gran ancho de banda como el streaming de vídeo, pero es mejor para visitar páginas web más simples y más estáticas - si queremos permanecer en el anonimato también tenemos que hacer sacrificios.

Otra característica importante de la red TOR, que sin embargo no formará parte del curso porque no quiero entrar en detalles no tan importantes, es la posibilidad de visitar los sitios web de Deep and Dark. De hecho, hay sitios reales con dominio .onion que sólo pueden ser visitados con el navegador TOR donde, como se mencionó anteriormente, se puede encontrar información privada, ilegal y de otro tipo.

5.1.2 Cómo acceder a la red TOR:

En esta sección describimos el procedimiento para acceder con éxito a la red TOR y navegar de forma anónima.

Hay esencialmente dos "versiones" si podemos llamarlas TOR: una consiste en el llamado TorBrowserBundle y la otra posibilidad es instalar la utilidad TOR a través de la línea de comandos para pasar el tráfico de cualquier aplicación en la red tor:

5.1.2.1 Il TorBrowserBundle:

Este es el procedimiento más simple y ya con él podríamos decir que estamos navegando de forma anónima. Para descargar el TorBrowserBundle por favor vaya al sitio web de la plataforma y descargamos la versión adecuada para nuestro sistema operativo y nuestra arquitectura (32bit - 64 bits). En caso de duda, la versión de 32 bits también funciona en sistemas de 64 bits.

www.torproject.org

Una vez descargado el paquete comprimido, extráigalo en el directorio que contendrá el programa, por ejemplo la carpeta de documentos, y una vez que la operación se haya completado, pulse el icono [Configuración del navegador Tor] y el programa se abrirá. Pulse el botón [Conectar] para realizar la conexión con la red TOR y al final del proceso de conexión se abrirá la ventana del navegador que, como puede ver, es muy similar al de Firefox (de hecho el navegador Tor está basado en una versión modificada del famoso navegador).

Ahora puede usar este programa para navegar por la red TOR.

Una curiosidad sobre el TorBrowser es que el programa es portátil, esto significa que no deja ningún archivo en el PC y que puede ser movido usando una memoria USB sólo copiando la carpeta de instalación.

Ahora vamos a explicar algunas características del TorBrowser que pueden ser útiles. Todos los puntos que veremos se basan en el menú disponible al hacer clic en el icono de la cebolla en la parte superior izquierda de la interfaz del navegador.

El primer elemento del menú si se pulsa nos permitirá crear una nueva identidad, es decir, cambiar la ruta de los paquetes dentro de la red Tor haciéndolos hacer una ruta diferente, así que de hecho cambiaremos nuestra IP fuera de la red y entonces a los ojos del sitio seremos otro visitante.

La segunda opción son los ajustes de seguridad que permiten cambiar el nivel de seguridad deseado, de un nivel estándar que mantiene activa la mayor parte de la funcionalidad del sitio web, asegurando un buen anonimato, a un nivel de "paranoia" que inhibe la mayor parte de la funcionalidad del sitio web, como el código javascript. Cuanto más te levantes con la configuración de seguridad, más difícil será navegar.

Las dos últimas opciones, menos importantes, permiten al usuario acceder a la configuración avanzada de la red TOR y actualizar el navegador a la última versión si es necesario.

5.1.2.2 TOR como Proxy | Insight |

La segunda opción de conexión que mencioné antes prevé instalar con la terminal la versión adecuada de TOR y una herramienta que permita transmitir el tráfico de Internet de una aplicación dentro de un Proxy.

El objetivo será hacer que esta aplicación reconozca la red TOR como un verdadero Proxy. Empezamos inmediatamente por entrar en un armazón administrativo con el comando habitual

```
>> su
```

también instalamos un programa secundario que servirá más adelante

```
>> apt install curl
```

Ahora dejemos a un lado un momento tal consola y abramos Firefox y vayamos a buscar con un buscador los repositorios oficiales del programa TOR que nos permitirán acceder a la última versión del programa. En mi caso, el sitio se encuentra en la siguiente dirección:

```
www.torproject.org/docs/debian.html.en
```

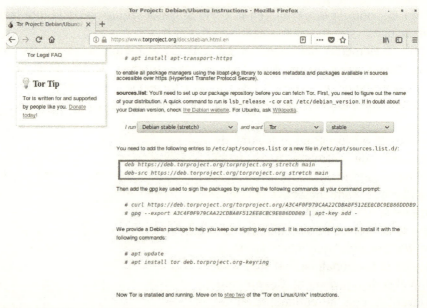

Copiemos las líneas de código que marqué en rojo y recuperemos la ventana de la terminal que dejé antes. Debemos ir a modificar un archivo de sistema (sugerido por el propio sitio web), para ello ejecutamos el comando:

```
>> nano /etc/apt/sources.list
```

pegamos al final del archivo las líneas de código previamente copiadas con la secuencia de teclas

```
                              ctrl > maiusc > v
```

también añadimos las claves de verificación del paquete con los comandos de abajo siempre disponibles en la misma página web, que en mi caso son las dos siguientes, pero pueden variar con el tiempo:

```
curl https://deb.torproject.org/torproject.org/A3C4F0F979CAA22CDBA8F512EE8CBC9E886DDD89.asc | gpg -import
gpg --export A3C4F0F979CAA22CDBA8F512EE8CBC9E886DDD89 | apt-key add -
```

En este momento hemos añadido los repositorios TOR al archivo de configuración de nuestro gestor de paquetes. Para hacer efectivos los cambios, realizamos una actualización de todos los repositorios con el comando:

```
>> apt update
```

en este punto estamos listos para instalar los dos programas que nos ayudarán en nuestro objetivo. Con mucha imaginación el programa para acceder a la red TOR se llama [tor] en cambio el que permite pasar el tráfico de una aplicación a través de esa red se llama [Proxychains] y para instalarlo ambos ejecutamos el comando:

```
>> apt install tor Proxychais
```

Ahora que hemos instalado todo el software necesario, pasemos a la explicación de cómo debe usarse. En cuanto a Tor, verificamos que está funcionando con el comando:

```
>> systemctl status tor
```

Si recibe una salida como la siguiente, entonces el servicio TOR está activo y configurado para ejecutarse automáticamente al iniciar el PC

```
● tor.service - Anonymizing overlay network for TCP (multi-instance-master)
   Loaded: loaded (/lib/systemd/system/tor.service; enabled; vendor preset: enabled)
   Active: active (exited) since Sun 2019-02-24 01:23:56 CET; 29s ago
 Main PID: 3968 (code=exited, status=0/SUCCESS)
    Tasks: 0 (limit: 19660)
```

Ahora para pasar el tráfico de la aplicación a través de la red TOR, sólo tiene que ejecutar un simple comando:

```
>> Proxychains {nome programma}
```

Afortunadamente el programa Proxychains ya está configurado para trabajar en la red tor, y para hacer una breve verificación de la operación ejecutamos los siguientes comandos en cascada:

```
>> wget ipinfo.io/ip -qO -
>> Proxychains wget ipinfo.io/ip -qO -
```

como podemos ver fácilmente que todo funciona correctamente porque las salidas de los comandos, es decir, los IPs públicos son diferentes.

```
anonymous@DEBIAN-PC:~$ wget ipinfo.io/ip -qO -
95.249.124.122
anonymous@DEBIAN-PC:~$ proxychains wget ipinfo.io/ip -qO -
ProxyChains-3.1 (http://proxychains.sf.net)
|DNS-request| ipinfo.io
|S-chain|-<>-127.0.0.1:9050-<><>-4.2.2.2:53-<><>-OK
|DNS-response| ipinfo.io is 216.239.34.21
|S-chain|-<>-127.0.0.1:9050-<><>-216.239.34.21:80-<><>-OK
195.206.105.217
anonymous@DEBIAN-PC:~$ 
```

5.1.3 Notas sobre el uso de TOR:

Muchos cometen el flagrante error de considerar el TOR como el instrumento de anonimato por excelencia, pero olvidan que, como todos los artefactos humanos, éste también tiene sus debilidades.

El principal lema a seguir con respecto a la cuestión del anonimato en línea es

"la herramienta más importante para nuestro anonimato somos nosotros, el mayor spyware del mundo son propios los individuos"

moraleja del cuento de hadas, para hacerlo muy simple, sí la red TOR puede garantizarte un nivel justo de anonimato pero si luego vamos a entrar en gmail todos los esfuerzos que hemos hecho hasta ahora son en vano.

Así que como regla general, considere el hecho de que las herramientas de anonimato sólo funcionan si las usamos de la manera correcta.

La red TOR no es inviolable, ya han tenido éxito en varias ocasiones debido a fallas en el sistema, uno de los casos más famosos es el de SilkRoad cerrado por el FBI, así que considérenlo como una herramienta confiable pero que debe ser utilizada con precaución.

6 Metadatos Locales:

Tal vez no sea el término más apropiado, pero en esta sección del manual vamos a tratar todos esos problemas de anonimato que se crean cuando usamos los programas en nuestro PC.

Esto significa que cuando navegamos por la red, por ejemplo, lo hacemos con un navegador, y los navegadores almacenan datos en el disco de nuestro PC que se utilizan para agilizar la carga de las páginas o para permitirnos acceder a nuestro correo electrónico sin tener que introducir la contraseña cada vez.

Esta información socava significativamente nuestro anonimato porque el software malicioso que se ejecuta accidentalmente podría acceder a información sensible y confiscarla. Además, el navegador transmite datos como nuestro sistema operativo, versión del sistema operativo, complementos instalados y mucho más a las páginas web sin nuestro conocimiento.

Así que ahora vamos a hacer una lista de la información que puede comprometer nuestro anonimato y privacidad y cómo puede ser eliminada.

6.1 HTTPS:

Empecemos por lo más simple: todos sabemos que hay dos protocolos utilizados para transmitir datos en la web: HTTP y HTTPS. El primero, el más antiguo de los dos transmite todos los datos en claro que es sin encriptación, esto significa que las contraseñas y nuestros datos personales se

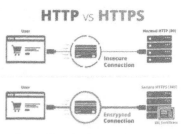

transmiten sin seguridad y cualquier sujeto en el medio de la cadena entre nosotros y el nuestro sitio puede registrar esta información y utilizarla para su propio uso y consumo.

Este protocolo como es fácil de entender es obsoleto y si se usa es muy peligroso para nuestra privacidad. El segundo implementa en su interior un

protocolo de encriptación, en este caso SSL, que permite transmitir toda la información en un túnel encriptado entre nuestro PC y el sitio web, impidiendo de hecho a alguien para robar datos personales analizando nuestro tráfico de Internet.

6.1.1 El uso de HTTPS:

Se puede pensar erróneamente que el protocolo HTTP ya no se utiliza debido a su inseguridad, pero se equivoca, el protocolo sigue estando presente y se utiliza, aunque cada vez más y de forma mínima.

Sin embargo, es importante asegurarse de que nuestro navegador de Internet evita el uso de este protocolo como la plaga, y afortunadamente esto es muy simple. En este caso explicaré cómo hacerlo en Firefox pero esta operación es muy similar en todos los navegadores de Internet de la plaza.

Primero escribimos la siguiente consulta en un buscador

```
firefox addons
```

Una vez hecho esto deberíamos encontrarnos en una página web como la siguiente que nos permitirá descargar un complemento para el navegador.

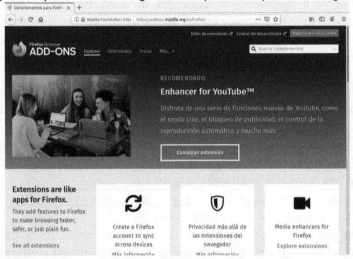

Busquemos con la barra en la esquina superior derecha un componente particular llamado

```
HTTPS Everywhere
```

Instálalo y cuando termines la aplicación, el icono del programa debería aparecer en la barra de menú de tu navegador. Esto significa que ahora su navegador sólo utilizará el protocolo HTTPS y su privacidad estará protegida.

6.2 Modo en incógnito:

Se trata de un modo de navegación de Internet que permite evitar que el navegador guarde alguna información privada localmente, la información que evita que el navegador guarde es la siguiente:

- **CACHE:** los sitios web no se guardan en la memoria para acelerar la navegación y en la sesión actual no se guardan otros.

- **CRONOLOGIA:** obviamente, este modo no proporciona ningún historial de la web.

- **COOKIE:** en este modo el navegador ignora todas las cookies creadas anteriormente y las creadas en la siguiente sesión se borran cuando se cierra la sesión.

No hace falta decir que este modo es muy útil para no dejar información de navegación en el PC, pero al mismo tiempo hay que decir que no protege de ninguna manera los datos transmitidos fuera del PC. No disfraza la IP, no encripta la conexión ni nada parecido, y para tales operaciones debemos confiar necesariamente en las herramientas anteriores.

6.3 COOKIE | Insight |:

En la sección anterior hemos examinado cómo asegurarnos de que las cookies no se almacenen en nuestro PC, en cambio en esta sección en profundidad, tan puramente opcional, examinaremos un poco más específicamente cómo funcionan y por qué son tan perjudiciales para la privacidad del usuario.

Empecemos por definirlos. Wikipedia viene en nuestra ayuda y nos da el siguiente significado.

"Las cookies son un tipo particular de archivo (una especie de token de identificación) y son utilizadas por las aplicaciones web del lado del servidor para almacenar y recuperar información a largo plazo del lado del cliente..."

En la práctica son archivos escritos en nuestro disco duro que son creados por un sitio web, en estas cookies se puede guardar información de cualquier tipo, el acceso a los sitios web (por ejemplo, gmail, youtube etc ...), sino también la información de la publicidad.

Usted es consciente de cuando un anuncio se repite en varias páginas web o cuando se busca un artículo en Amazon y se repite hasta la náusea dentro de los anuncios?

todo esto es por las cookies.

Las cookies no sólo son peligrosas para nuestra privacidad en la web porque pueden rastrear nuestra navegación, la NSA las usa para rastrear las actividades en línea de las personas que monitoreamos. También son muy peligrosos porque están almacenados en nuestro disco duro y también se puede acceder a ellos con otros programas, que pueden utilizarlos para capturar información personal importante como contraseñas, correos electrónicos y más.

6.3.2 Detener la plaga de las cookies:

Evitar completamente que las cookies se almacenen en nuestro disco es posible pero no recomendable, ya que algunas páginas web pueden no funcionar correctamente o incluso bloquear su navegación.

Pero entonces, ¿cómo limitamos el daño? Ya se ha explicado antes un método, que es el modo de incógnito, pero recomiendo, por razones de seguridad, instalar un componente adicional que los bloquee. Este complemento se llama ghostery, así que instalémoslo como hicimos antes con HTTPS Everywhere

Cuando se le pregunte sobre la configuración inicial, vamos a ponerla así:

*   Bloquear todo.

Ghostery puede bloquear los rastreadores para que tu navegación sea más limpia, rápida y segura. ¿Qué quieres bloquear?

Bloquear por defecto

Publicidad, análisis del sitio y rastreadores de publicidad para adultos bloqueados

No bloquear nada

Bloquear todo

Elige de la lista

Una vez configurado correctamente, la herramienta bloqueará los molestos rastreadores de publicidad.

Otra operación que debemos hacer es activar el modo automático de incógnito en el navegador, en nuestro caso en Firefox. Para ello vamos a la configuración del navegador en la sección de privacidad y configuramos todo de la siguiente manera:

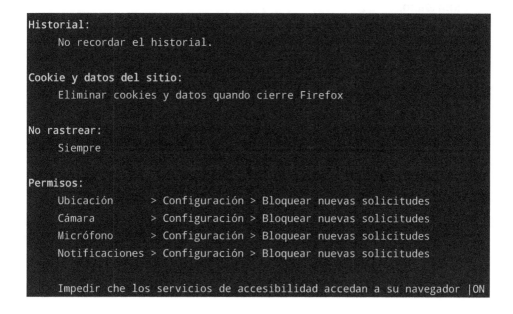

```
Historial:
    No recordar el historial.

Cookie y datos del sitio:
    Eliminar cookies y datos quando cierre Firefox

No rastrear:
    Siempre

Permisos:
    Ubicación       > Configuración > Bloquear nuevas solicitudes
    Cámara          > Configuración > Bloquear nuevas solicitudes
    Micrófono       > Configuración > Bloquear nuevas solicitudes
    Notificaciones > Configuración > Bloquear nuevas solicitudes

    Impedir che los servicios de accesibilidad accedan a su navegador |ON
```

Ahora nos ocuparemos de otros dos tipos de pseudo-cookies que son guardados por nuestro navegador y son iguales a los cookies normales que son dañinos para nuestra privacidad. Estoy hablando de:

- **Desactivar Adobe Flash:** sin entrar en demasiados detalles, Adobe Flash es un software de visualización de vídeo, aparte de que casi no se utiliza (en favor de HTML5). Algunos sitios aún lo requieren, pero el flash es un software con una gran cantidad de problemas de seguridad y DEBE ser apagado. Para ello realizamos el siguiente procedimiento.

Por suerte en las últimas versiones de Firefox este plugin está deshabilitado, y para comprobarlo sólo hay que ir a la configuración en la sección de Complementos y comprobar que en las secciones de Extensiones y Plugins no hay entradas que indiquen flash. Si las hay, será necesario desactivarlas inmediatamente, y por supuesto tendremos que desinstalar el flash del PC en Windows desde el Panel de Control, en Linux desde el gestor de paquetes gráficos.

- **Desactivar el DOM Storage:** este tipo de datos guardados por el navegador permite recuperar rápidamente las páginas web visitadas anteriormente para acelerar la navegación, y por supuesto vamos a deshabilitarlo de inmediato.

Para desactivar el DOM Storage escribimos la siguiente cadena en la barra de direcciones de Firefox:

```
about:config
```

seremos dirigidos a una página dedicada a la configuración avanzada del navegador, en este punto buscamos con la barra de búsqueda en la parte superior de la consulta "almacenamiento" y desactivamos con un doble clic el elemento

```
dom.storage.enabled
```

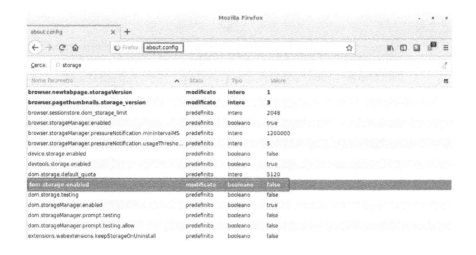

6.3 Javascript:

La enésima amenaza a nuestra privacidad proviene de los scripts web de Javascript, que es un lenguaje de programación que ahora se utiliza ampliamente en el modo web principalmente para hacer páginas dinámicas y fáciles.

Pero como todas las herramientas del hombre, no todos las usan para el bien. Entre los ejemplos de lo que se puede hacer con Javascript mencionaré sólo algunos:

- Keylogging, interceptación de texto escrito por el usuario en una página web determinada.
- Averigua si estás usando TOR o una VPN.
- Ver la lista de plugins instalados.
- Revisa el PC para ver si hay algún software.
- Introduzca la zona horaria y luego la ubicación (aproximada) del usuario.
- XSS scripting, copia las cookies a otros lugares y las envía a terceros.
- Visualizar el agente-usuario, para entender qué sistema operativo y qué navegador estamos usando.
- Mucho más de lo que he mencionado……….

Algunas de estas operaciones maliciosas son muy peligrosas para nuestra privacidad, así que vamos a desactivar Javascript ahora. Para ello vamos a instalar un addon:

```
noscript
```

Esta herramienta le permite salvaguardarnos del código javascript malicioso.

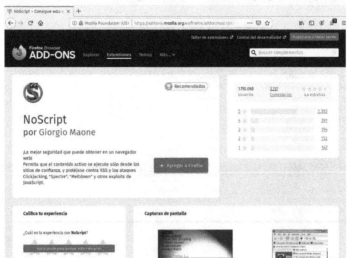

Vamos ahora a los ajustes, accesibles haciendo clic en el icono del programa y activar la protección global

N.B: Algunas páginas web necesitan Javascript para funcionar. Si experimenta anomalías en el funcionamiento de la página y lo considera seguro, puede desactivar el bloqueo (de forma temporal o permanente) de esa página, prestando siempre la máxima atención.

6.4 User Agent:

Como ya se ha mencionado, el User-Agent es básicamente una cadena de texto que el navegador envía al sitio web que está visitando para hacerlo más dinámico, por ejemplo, cuando vea una página con su teléfono móvil, ésta pasará al modo móvil.

Ahora les daré algunos ejemplos de User-Agent para que la situación sea un poco más clara:

```
Linux + Firefox
    X11; Ubuntu; Linux x86_64; rv:63.0 Gecko/20100101 Firefox/63.0
Windows + Chrome
```

```
  Windows NT 10.0; WOW64 AppleWebKit/537.36 (KHTML, like Gecko) Chrome/   62.0.3202.9
  Safari/537.36
Android
  Linux; Android 7.0; PLUS Build/NRD90M AppleWebKit/537.36 (KHTML, like    Gecko)
  Chrome/61.0.3163.98 Mobile Safari/537.36
```

Para modificar y luego camuflar esta cadena sólo hay que instalar el complemento presente en casi todos los navegadores

Una vez hecho esto, este complemento será muy fácil de usar: en la barra de tareas habitual vamos a pulsar el icono correspondiente y elegimos con los botones gráficos el sistema / navegador que queremos.

6.5 La elección del motor de búsqueda:

Otro capítulo importante de esta guía se refiere a la elección del motor de búsqueda. Si nuestro objetivo es mantener el anonimato, Google no es una de las opciones disponibles, de hecho este motor de búsqueda monitoriza a sus usuarios, los perfila y los introduce en una base de datos cuyos propósitos están lejos de ser nobles. Si usted nota una vez hecha una búsqueda sobre tal producto esto se propone de nuevo al punto de náusea entre los anuncios.

Además, es bien sabido que Google colabora activamente con la NSA para espiar a sus usuarios, y no estoy siendo alarmista, no creo en teorías de conspiración, pero después del escándalo de PRISM, destacado por Edward Snowden mi confianza en BigG digamos que ha bajado bastante.

Así que en resumen, la mejor opción es adoptar DuckDuckGo, un motor de búsqueda que no rastrea a sus usuarios, y su objetivo es asegurar su privacidad.

Vamos a configurarlo como el motor de búsqueda predeterminado en Firefox en la configuración del navegador en la sección de búsqueda, en el menú desplegable eligiendo DuckDuckGo

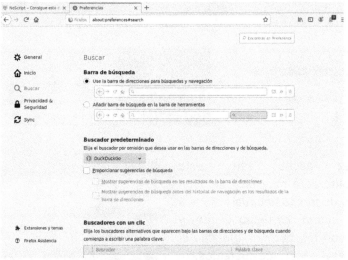

Ahora vamos a configurar la página principal de Firefox para que se conecte a este buscador, y para ello vamos a la sección General de la configuración del navegador y bajo el título Página Principal configuramos lo siguiente

```
https://start.duckduckgo.com/
```

Bueno, ahora podemos decir con certeza que nuestro motor de búsqueda no rastreará nuestra navegación devolviendo el spam de cada esquina y usándonos como conejillos de indias para sus búsquedas.

7 Seguridad de los datos locales:

Comencemos diciendo que por datos locales nos referimos a los archivos guardados en el HardDisk que pueden ser fácilmente presa de personas malintencionadas, en esta sección analizaremos algunos métodos de encriptación de datos, así como los principales métodos para su eliminación segura cuando ya no sean útiles.

7.1 Sistema de encriptación del HardDisk:

Esta sección será muy corta ya que la encriptación del HardDisk se realiza durante la instalación (en Linux) y se ha explicado en la sección de instalación de Debian. Basta con decir que hay dos métodos básicos para encriptar un disco:

- Encriptación nativa LUKS: Esta es la encriptación que realizamos durante la instalación, que se basa en programas preinstalados en el sistema operativo del pingüino y que también está disponible para unidades no pertenecientes al sistema como USB o HDD externos.
- Encriptación Software: En este caso se utiliza un software de aplicación. El más válido es Veracrypt, que es un programa de tipo GUI y es bastante fácil de usar. También es capaz de encriptar medios externos, es multi plataforma pero no soporta la encriptación de unidades de sistema (en linux), mientras que en el sistema de Microsoft esta posibilidad también está disponible.

7.1.1 Cómo usar Veracrypt:

Comencemos por instalar este programa, luego vayamos a la página web oficial y descarguemos la versión del instalador adecuada para nuestra versión del sistema operativo.

Una vez descargado en nuestro caso un paquete comprimido extraemos el archivo que nos interesa, en este caso el setup del gui x64 y lo ejecutamos con el siguiente comando:

```
>> su
>> cd {cartella del file}
>> ./{nome file}
```

en mi caso las órdenes son las siguientes

```
anonymous@DEBIAN-PC:~$ su
Password:
root@DEBIAN-PC:/home/anonymous# cd /home/anonymous/Scrivania/
root@DEBIAN-PC:/home/anonymous/Scrivania# ./veracrypt-1.23-setup-gui-x64
```

Una vez ejecutado, se abrirá la siguiente ventana en la que elegimos instalar el programa.

Una vez instalado el programa se verá así, los números representan los volúmenes virtuales que podemos montar.

Ahora vamos a crear un nuevo contenedor encriptado, que puede ser creado en un archivo o en un dispositivo físico. El procedimiento es casi idéntico en ambos casos, se nos preguntará si queremos un volumen estándar o escondido (omitiré la segunda opción porque no la considero útil para el propósito de la guía).

Ahora se nos pedirá la ubicación, así que seleccionamos el dispositivo a cifrar o en caso de un archivo su ubicación en la memoria. Una vez elegido el algoritmo de encriptación, el AES-512 por defecto es perfecto. A continuación se nos preguntará el tamaño del contenedor y después de eso introduciremos la contraseña, de al menos 16-20 caracteres de longitud y que contiene números, letras y símbolos. Como formato

contenedor, el predeterminado estará bien en este caso también.

Ahora se nos pedirá que movamos el ratón aleatoriamente sobre la ventana para crear entropía para generar una sólida clave de cifrado. Muévelo hasta que la barra esté completa y habremos creado nuestro contenedor encriptado.

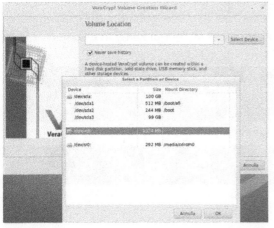

Ahora montamos nuestro contenedor para usarlo pulsando el botón de montaje en la pantalla de inicio. Después de seleccionar el número de la unidad virtual, seleccionamos la unidad o los archivos a desencriptar e introducimos la contraseña.

Ahora los datos introducidos en su interior estarán encriptados y ninguna persona malintencionada podrá acceder a ellos.

N.B: Perdone la falta, para ejecutar con éxito el software de veracriptología tendrá que añadir nuestro usuario al grupo de sudo con el comando

```
>> su
>> usermod -aG sudo {username}
```

Entonces tendrás que reiniciar la máquina para que los cambios sean efectivos.

7.2 Destruir archivos o unidades:

En la sección anterior vimos cómo encriptar los datos. Ahora vamos a analizar el procedimiento a aplicar cuando tales archivos / unidades de disco ya no sean necesarios.
Comencemos diciendo que si los archivos que no nos interesan se encuentran en un contenedor encriptado pueden ser eliminados normalmente porque incluso si alguien fuera a analizar esa unidad los datos que recuperaría serían ilegibles.

Si en lugar de ello los archivos a eliminar se encuentran en un lugar no cifrado, tendremos que utilizar la técnica de sobrescritura con datos aleatorios para eliminar cualquier rastro de ellos.

Para borrar los datos que no nos interesan, una herramienta de Linux llamada shred viene en nuestra ayuda. Para borrar permanentemente los datos de una unidad, primero tendrá que identificar su nombre con el comando

```
>> lsblk
```

cuyo resultado debe ser similar al siguiente

```
anonymous@DEBIAN-PC:~$ lsblk
NAME                    MAJ:MIN RM  SIZE RO TYPE MOUNTPOINT
sda                         8:0   0  100G  0 disk
├─sda1                      8:1   0  512M  0 part /boot/efi
├─sda2                      8:2   0  244M  0 part /boot
└─sda3                      8:3   0 99,3G  0 part
  └─sda3_crypt            254:0   0 99,3G  0 crypt
    ├─DEBIAN--PC--vg-root 254:1   0 95,3G  0 lvm   /
    └─DEBIAN--PC--vg-swap_1 254:2 0   4G  0 lvm   [SWAP]
sdb                        8:16   0   1G  0 disk
sr0                        11:0   1  292M  0 rom  /media/cdrom0
anonymous@DEBIAN-PC:~$
```

una vez identificado el disco, en mi caso [sdb] vamos a ejecutar el comando shred como se explica a continuación

```
>> sudo shred -vzn {iterations} /dev/{drive name}
```

en lugar del parámetro de *iterations*, introducimos el número de veces que el accionamiento tendrá que ser sobrescrito. Para un borrado perfecto se recomiendan al menos 7 pases de datos aleatorios, en el caso de un SSD los pases son mucho más pequeños (ya 1 es suficiente por la forma en que está diseñado este tipo de unidad).

El comando "shred" también puede ser usado para borrar incluso archivos individuales de la siguiente manera.

```
>> sudo shred -vzn {iterations} --remove {filename}
```

```
anonymous@DEBIAN-PC:~$ sudo shred -vzn 7 /dev/sdb        anonymous@DEBIAN-PC:~$ sudo shred -vzn 7 --remove Scrivania/secret.txt
shred: /dev/sdb: passo 1/8 (random)...                   shred: Scrivania/secret.txt: passo 1/8 (random)...
                                                         shred: Scrivania/secret.txt: passo 2/8 (ffffff)...
shred: /dev/sdb: passo 1/8 (random)...897MiB/1,0GiB 87%  shred: Scrivania/secret.txt: passo 3/8 (aaaaaa)...
shred: /dev/sdb: passo 1/8 (random)...1,0GiB/1,0GiB 100% shred: Scrivania/secret.txt: passo 4/8 (random)...
shred: /dev/sdb: passo 2/8 (555555)...                   shred: Scrivania/secret.txt: passo 5/8 (000000)...
shred: /dev/sdb: passo 2/8 (555555)...1015MiB/1,0GiB 99% shred: Scrivania/secret.txt: passo 6/8 (555555)...
shred: /dev/sdb: passo 2/8 (555555)...1,0GiB/1,0GiB 100% shred: Scrivania/secret.txt: passo 7/8 (random)...
shred: /dev/sdb: passo 3/8 (aaaaaa)...                   shred: Scrivania/secret.txt: passo 8/8 (000000)...
shred: /dev/sdb: passo 3/8 (aaaaaa)...436MiB/1,0GiB 42%  shred: Scrivania/secret.txt: rimozione
shred: /dev/sdb: passo 3/8 (aaaaaa)...1,0GiB/1,0GiB 100% shred: Scrivania/secret.txt: rinominato in Scrivania/0000000000
shred: /dev/sdb: passo 4/8 (random)...                   shred: Scrivania/0000000000: rinominato in Scrivania/000000000
shred: /dev/sdb: passo 4/8 (random)...415MiB/1,0GiB 40%  shred: Scrivania/000000000: rinominato in Scrivania/00000000
shred: /dev/sdb: passo 4/8 (random)...1,0GiB/1,0GiB 100% shred: Scrivania/00000000: rinominato in Scrivania/0000000
shred: /dev/sdb: passo 5/8 (000000)...                   shred: Scrivania/0000000: rinominato in Scrivania/000000
shred: /dev/sdb: passo 5/8 (000000)...964MiB/1,0GiB 94%  shred: Scrivania/000000: rinominato in Scrivania/00000
shred: /dev/sdb: passo 5/8 (000000)...1,0GiB/1,0GiB 100% shred: Scrivania/00000: rinominato in Scrivania/0000
shred: /dev/sdb: passo 6/8 (ffffff)...                   shred: Scrivania/0000: rinominato in Scrivania/000
shred: /dev/sdb: passo 6/8 (ffffff)...735MiB/1,0GiB 71%  shred: Scrivania/000: rinominato in Scrivania/00
shred: /dev/sdb: passo 6/8 (ffffff)...1,0GiB/1,0GiB 100% shred: Scrivania/00: rinominato in Scrivania/0
shred: /dev/sdb: passo 7/8 (random)...                   shred: Scrivania/secret.txt: rimosso
shred: /dev/sdb: passo 7/8 (random)...370MiB/1,0GiB 36%  anonymous@DEBIAN-PC:~$
shred: /dev/sdb: passo 7/8 (random)...1,0GiB/1,0GiB 100%
shred: /dev/sdb: passo 8/8 (000000)...
shred: /dev/sdb: passo 8/8 (000000)...523MiB/1,0GiB 51%
shred: /dev/sdb: passo 8/8 (000000)...1,0GiB/1,0GiB 100%
anonymous@DEBIAN-PC:~$
```

8 Conclusiones finales:

Nuestra guía ha llegado a su fin. Hemos analizado muchos aspectos del mundo del anonimato en línea, pero esta guía no se atribuye el mérito de ser la más completa del mercado porque para que sea comprensible incluso para los recién llegados al mundo de la seguridad informática, se han dejado de lado deliberadamente algunos temas específicos. No me considero un experto en seguridad informática, pero espero que mi guía de anonimato haya servido para que su privacidad sea un poco más "suya" y menos que la de aquellos que no tienen reparos en robar su información personal para perseguir sus propósitos.

Antes de despedirnos le doy un último consejo: en este breve libro hemos analizado muchas herramientas de anonimato válidas pero ninguna de ellas puede protegerle de su descuido, no utilice servicios relacionados con su verdadera identidad cuando sea anónimo, no se conecte con su cuenta o cosas similares.

Recuerda que la herramienta más válida del anonimato eres tú, tienes que cambiar tus hábitos para protegerte mejor.

Esta guía fue escrita por una sola persona, así que como ser humano también cometo errores. Le agradeceré mucho que me lo haga saber en los comentarios, me corregiré lo antes posible.

8.2 Derechos de autor:

Fecha de finalización - 28/03/2020

www.ingramcontent.com/pod-product-compliance
Lightning Source LLC
LaVergne TN
LVHW041220050326
832903LV00021B/724